Enrique
GRANADOS

GOYESCAS

FOR PIANO

K 09223

CONTENTS

GOYESCAS
"LOS MAJOS ENAMORADOS"

1. LOS REQUIEBROS
(Flattery)

E. GRANADOS

4

Capriccioso e molto rall

a tempo

Poco più animato

marc. il canto

cresc.

con gallardia.

f

poco rall.

un pochetino meno

p ben leg.

cresc. molto

6

12

9223

-Tonadilla -
Con gallardia

velocemente

quasi a tempo molto a piacere

brillante ff

16

9223

A ED. RISLER

GOYESCAS
"LOS MAJOS ENAMORADOS"

2. COLOQUIO EN LA REJA
(Love Duet)

E. GRANADOS

9223

20

9223

A RICARDO VINES

GOYESCAS
"LOS MAJOS ENAMORADOS"

Escena cantada y bailada
lentamente y con ritmo.

3. EL FANDANGO DE CANDIL

Allegretto
Gallardo

un peu lentement avec beaucoup de rythme

E. GRANADOS

PIANO

9223

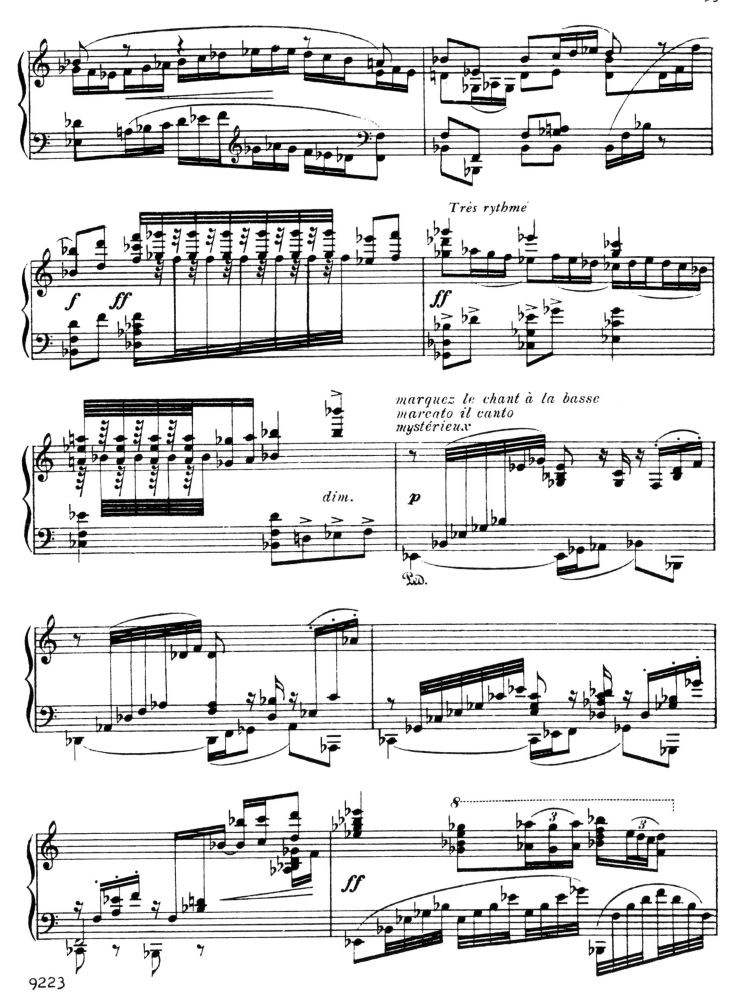

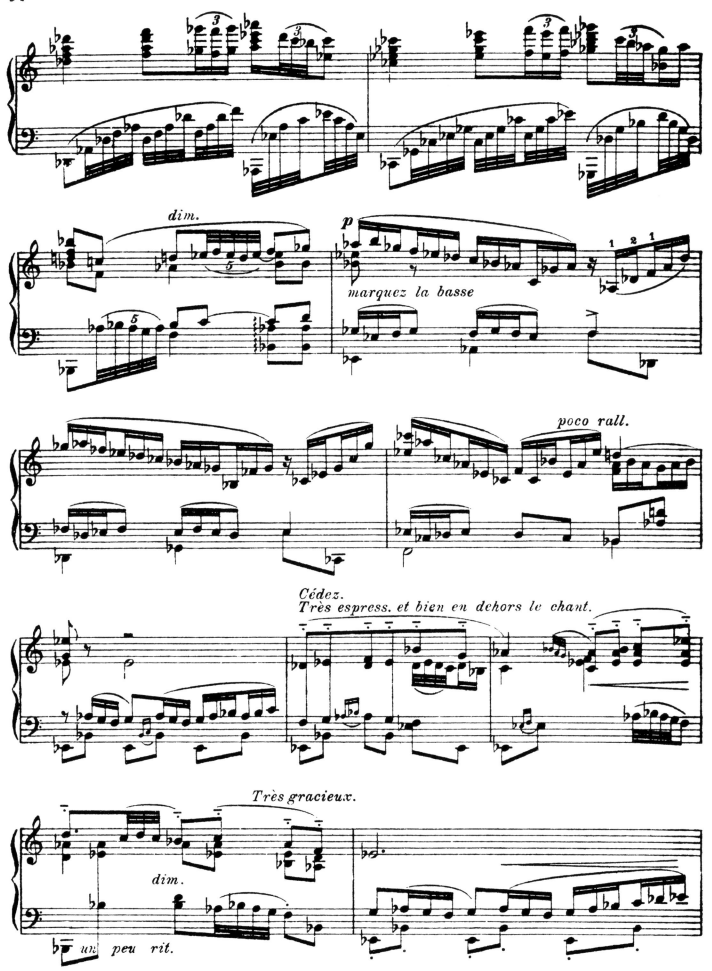

36

9223

38

9223

plus calme espress.

poco rall.

40

9223

A AMPARO

GOYESCAS
"LOS MAJOS ENAMORADOS"

4. QUEJAS Ó LA MAJA Y EL RUISEÑOR
(Laments or The Maiden and The Nightingale)

E. GRANADOS

45

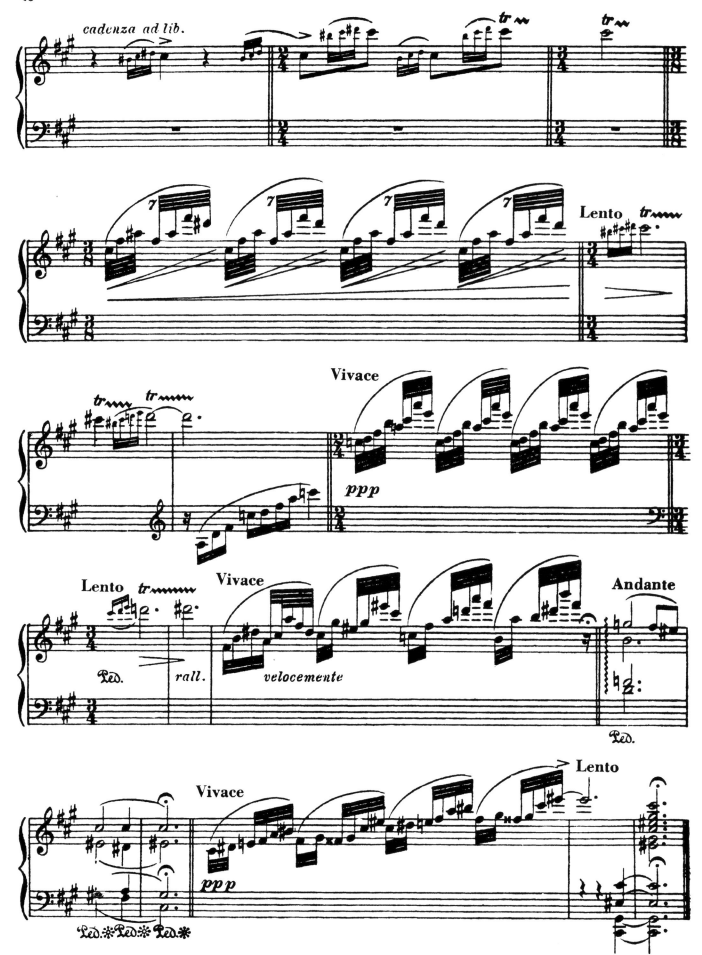

GOYESCAS
"LOS MAJOS ENAMORADOS"

5. EL AMOR Y LA MUERTE
(Ballad)

E. GRANADOS

9223

9223

50

9223

51

9223

56

9223

58

9223

Molto espressivo e comme una felicita nel dolore

espressivo

ten.

Recit Dramatico

ten.

ten.

(muerte del majo)

rall.

ten.

mancando

rall.

più rall:

ff

dim.

pp

Lento

m.g.

pp

A ALFRED CORTOT

GOYESCAS
"LOS MAJOS ENAMORADOS"

6. EPILOGO
(Serenata del espectro)

E. GRANADOS

9223

70

9223

Alfred Publishing Co., Inc.
16320 Roscoe Blvd., Suite 100
P.O. Box 10003
Van Nuys, CA 91410-0003
alfred.com

K09223 $12.95 in U

0 29156 09622   4

ISBN 0-7692-4085-2

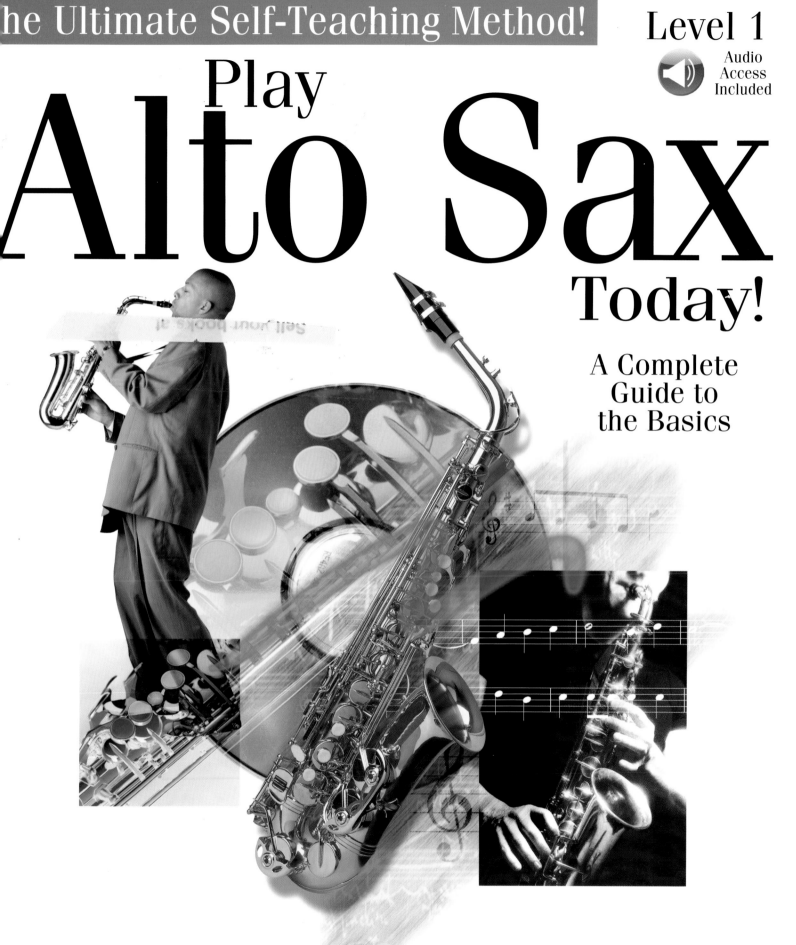

The Ultimate Self-Teaching Method!

Level 1

Audio Access Included

Play Alto Sax Today!

A Complete Guide to the Basics

Audio Instruction 72 Demo Tracks

HAL•LEONARD®